DES EAUX

DE LA

VILLE DE LYON

PAR

M. le Docteur E. CLÉMENT

Médecin de l'Hôtel-Dieu de Lyon

LYON

IMPRIMERIE MOUGIN-RUSAND

3, Rue Stella, 3

—

1890

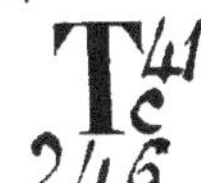

DES EAUX

DE LA

VILLE DE LYON

DES EAUX

DE LA

VILLE DE LYON

PAR

M. le Docteur E. CLÉMENT

Médecin de l'Hôtel-Dieu de Lyon

LYON
IMPRIMERIE MOUGIN-RUSAND
3, Rue Stella, 3

—

1890

DES

EAUX DE LA VILLE DE LYON

I

L'eau saine, l'eau abondante, est une des premières conditions de bien-être et de salubrité pour les habitants des villes. Les Sociétés antiques l'avaient bien pressenti, elles qui déployèrent tant de génie pour s'en procurer. Toutes, même les plus humbles, nous les voyons entreprendre des travaux grandioses, afin d'aller au loin, jusque sur le flanc des montagnes, recueillir des eaux de source, qui, par une pente naturelle se rendaient à leurs thermes et à leurs fontaines publiques.

Les Romains se distinguèrent entre tous les peuples, par le nombre et par la magnificence de ces travaux. Aucune ville moderne ne pourrait offrir rien de comparable à ce qui existait à Rome. Vingt-deux aqueducs y conduisaient chaque jour 750 millions de litres d'eau pour alimenter les fontaines, les naumachies et les 860 bains populaires de la capitale du monde ancien.

A la suite de leurs aigles victorieuses, les Romains répandirent le goût de ces constructions dans tous les pays soumis à leur joug. De partout, en Europe, des ruines monumentales attestent encore leur puissance et le profond sentiment qu'ils avaient de l'hygiène et du bien-être des populations subjuguées.

Aussi, quand la colonie de Plancus, qui donna naissance à notre cité, vint s'établir sur le plateau de Fourvière, un de ses premiers soins fut-il de se procurer, à l'aide d'aqueducs, les eaux salubres qu'elle ne trouvait pas dans le sol où elle s'était implantée. Les ruines qu'on en voit dans la campagne lyonnaise, font encore notre admiration et notre étonnement par leurs proportions immenses et par leur caractère de grandeur.

Elles nous témoignent que Lugdunum n'eut bientôt rien à envier à la métropole.

Ses ingénieurs, résolvant, il y a vingt siècles, un problème dont nous poursuivons vainement la solution de nos jours, parvinrent à conduire au sommet de Fourvière, un énorme volume d'eau de source au moyen de quatre aqueducs importants. Le premier construit fut celui du Mont-d'Or, qui recueillait toutes les eaux de ce massif et les amenait à Trion. Le second date du règne d'Auguste. C'est l'aqueduc de la Brévenne, qui prenait naissance à la montagne de Duerne et aboutissait également à Trion, après avoir recueilli toutes les eaux de source du versant oriental de la chaîne du lyonnais.

De Miribel à Lyon, sur la rive droite du Rhône on trouve les vestiges d'un canal souterrain dans lequel un homme pourrait se tenir debout ; ce sont les restes d'un aqueduc de moindre importance, qui prenait les eaux du Rhône au-dessous de Neyron et les amenait à la naumachie du Jardin des Plantes (1).

---

(1) Flacheron, dont le savant mémoire a été couronné en 1835 par l'Académie de Lyon, pensait que le canal de Miribel était un chemin de ronde souterrain. Comarmond a combattu cette opinion et a prouvé que c'était en réalité l'aqueduc conduisant les eaux du Rhône à la naumachie du Jardin des Plantes.

Le quatrième était le plus considérable. Il mesurait 84 kilomètres, comme celui qui conduisait à Rome l'eau de l'*Anio novus*. Il égalait en beauté et en grandeur les plus remarquables constructions de ce genre dont on admire encore les restes. Elevé par l'empereur Claude afin d'amener les eaux du mont Pilat au sommet de la colline de Fourvière, il avait nécessité la construction de quatorze ponts aqueducs et de quatre ponts siphons pour traverser des vallées profondes de 120 à 130 mètres. A lui seul, il fournissait 500,000 hectolitres par 24 heures, ce qui représente la quantité d'eau qui nous est actuellement distribuée.

Qu'on me pardonne cette digression et d'avoir rappelé avec complaisance cette vieille page de notre histoire locale. C'est avec un profond sentiment d'admiration, mais non sans envie, que nous voyons les édiles de la cité de Plancus trouver, il y a 2,000 ans les ressources nécessaires et les moyens techniques, pour amener au sommet de nos plus hautes collines une telle quantité d'eau de source, qu'elle suffirait aujourd'hui à tous nos besoins.

II

Était-ce par excès de délicatesse, par effémination des mœurs et dans le simple but de satisfaire des goûts trop raffinés, que les anciens entreprirent ces coûteux et gigantesques travaux? Non. — L'abondance de l'eau, l'usage quotidien des bains étaient pour eux d'une absolue nécessité; car l'industrie des textiles étant encore à l'état primitif, ils n'avaient ni linge de corps, ni vêtements de rechange. La propreté corporelle s'imposait donc à eux comme un besoin des plus impérieux.

Pendant longtemps, les hommes ne furent pas plus avancés dans l'art de se vêtir : les historiens citent en effet comme une nouveauté et comme une prodigalité, les deux chemises de la reine Isabeau de Bavière et de Catherine de Médicis.

Soumis aux mêmes nécessités, ils auraient dû garder pieusement les habitudes de propreté des anciens.

Mais il n'en fut rien. Après la destruction des aqueducs, les populations des villes tombèrent dans un dénuement extrême; l'eau leur fit défaut non seulement pour l'entretien de la maison et de la voie publique, mais pour leur servir de boisson. A Paris, qui représentait le centre le plus civilisé, les habitants étaient condamnés à boire de l'eau de la Seine, empestée par les détritus de toute nature qu'elle recevait. Des porteurs d'eau puisaient le matin dans des seaux, l'eau de la rivière, où se déversaient par les ruisseaux et par les égoûts les matières fécales de la ville entière.

S'il était possible de mettre en doute le rôle hygiénique et l'importance sociale de cet élément, il suffirait pour s'en convaincre de jeter un regard sur ce passé et de considérer dans quel état de misère, d'abjection et de malpropreté, tombèrent les hommes quand ils furent privés de tout approvisionnement d'eau. Les habitudes de propreté se perdirent. Les hommes ayant désappris que l'eau est le principal agent d'assainissement, ne tardèrent pas à expier cruellement leur ignorance et leur vandalisme. C'est alors que la lèpre et les maladies de la peau les plus repoussantes fondent sur l'humanité. C'est le règne de la peste et de toutes les affections contagieuses. On a peine à concevoir comment l'humanité n'a pas sombré dans cette période néfaste, où par suite de l'oubli complet de l'hygiène la plus rudimentaire, elle fut continuellement en proie aux plus terribles épidémies.

Le retour aux instincts et aux habitudes de propreté est un fait tout moderne, s'il faut en croire Philippe Daryl. On peut fouiller dans l'histoire, dit-il, on n'y trouverait pas dix reines qui aient joui du privilège d'être propres tous les jours. Il y a à peine 30 ans, l'état dermique de l'Europe différait très peu de celui des Papous. Et en 1848, selon un mot quasi historique, on appelait les *gens propres* « ceux qui se lavent les mains. »

A l'heure actuelle, on a réagi et on ne se contente plus d'ablutions aussi sommaires. Nous recherchons la propreté sur nous et autour de nous, dans la maison et ses dépendances, dans la rue même. « Notre temps peut avoir ses laideurs et ses misères, mais il est propre. » C'est pour donner satisfaction à ce besoin nouveau, que les municipalités des grandes villes se préoccupent si activement de fournir des eaux en quantité suffisante à leurs habitants.

Le problème n'est pas toujours facile, car il en faut un volume considérable pour suffire aux besoins d'une grande ville. Les plus modérés des hygiénistes évaluent à 125 litres par tête et par jour la quantité minima nécessaire dans une ville bien tenue. Il en est qui réclament 500 litres comme à Marseille, ou même 1000 litres comme à Rome et à New-York.

Sans doute, c'est une condition favorable que de disposer d'une assez grande quantité d'eau pour qu'elle puisse être gaspillée au besoin par la population ; mais il ne faut rien exagérer.

La condition essentielle qui prime toutes les autres, celle que les muuicipalités doivent prendre pour objectif principal sinon unique, c'est la qualité biologique, c'est la salubrité des eaux.

Quel avantage y a-t-il pour une population de posséder de l'eau à discrétion, si cette eau est pour elle une cause d'épidémies? Voyez ce qui se passe à Paris où chaque habitant dispose de 260 litres d'eau par jour. Mais dont les 3/4 sont fournis par des eaux de l'Ourcq et de la Seine, qui renferment 10 à 12 millions de microbes par litre. Quand les eaux de source font défaut, on leur substitue de l'eau de

Seine et aussitôt le chiffre des décès par *fièvre typhoïde* va grandissant dans tous les quartiers qui sont forcés de boire cette eau contaminée.

Qu'on le sache! Il n'y a pas de vérité mieux établie que la transmission des maladies infectieuses par les eaux de boisson. Le temps me ferait défaut s'il me fallait seulement mentionner ici tous les faits qui ont servi à l'établir.

C'est là une notion désormais certaine, qui impose aux municipalités soucieuses de la santé des habitants, l'obligation de tenir à la bonne qualité des eaux, comme à l'une des exigences les plus impérieuses de l'hygiène urbaine.

Eau saine tout d'abord, eau abondante ensuite, si c'est possible; la qualité primant toujours la quantité, tels sont les termes de cet important problème social. Voyons comment il a été résolu dans notre ville.

III

Une très intéressante communication faite par M. le professeur Lortet à la Société de médecine, a de nouveau attiré l'attention du monde médical sur la qualité des eaux de Lyon et donné un regain d'actualité à l'étude d'une question bien souvent débattue dans nos sociétés savantes. Nous laisserons provisoirement de côté les curieuses recherches de l'éminent doyen de la Faculté, nous promettant d'y revenir plus loin dans le cours de ce travail.

La municipalité, retenue par des considérations que nous n'avons pas à apprécier ici, paraît avoir abandonné pour longtemps les vastes projets qui lui avaient été soumis de diverses parts, dans le but d'approvisionner la ville d'une grande quantité d'eau pure. Elle a décidé de maintenir, jusqu'à nouvel ordre, l'état de choses actuel, en augmentant toutefois le volume de la fourniture de la Compagnie de Saint-Clair.

La population lyonnaise est donc condamnée pour un temps indéterminé à continuer à faire usage de l'eau de la Compagnie dans les quartiers riches et de l'eau des puits dans les faubourgs ou dans les maisons pauvres. C'est l'examen des conditions de salubrité que présente ce double mode d'approvisionnement d'eau potable, que nous nous proposons d'exposer aux lecteurs de ce journal.

Avant 1856, Lyon, malgré sa situation entre deux fleuves ne disposait que d'une très faible quantité d'eau, bien inférieure à celle qui eût été nécessaire aux besoins de sa population. Dans toute la ville, on ne faisait usage que des eaux de puits (1).

A part quelques exceptions, chaque maison possédait une pompe dont la jouissance était exclusivement réservée à ses locataires. Il en est encore ainsi dans les faubourgs. On y trouve bien en même temps des bornes-fontaines, mais comme elles sont à une assez grande distance les unes des autres, les habitants préfèrent l'eau des pompes qui, d'ailleurs, leur paraît plus fraîche et plus agréable à boire. Même dans l'intérieur de la ville, où la plupart des propriétaires se sont abonnés à la Compagnie, les anciens puits sont restés ouverts et servent aux locataires des rez-de-chaussée ou des étages supérieurs qui, d'ordinaire, n'ont pas d'abonnement. De sorte que malgré l'accroissement progressif de la fourniture de la Compagnie des Eaux, une grande partie de la population fait encore usage de l'eau qu'elle trouve dans le sol. La qualité de cette eau varie évidemment suivant les points de la ville où elle est puisée. Pour étudier avec ordre et précision sa valeur hygiénique, nous devons

(1) Toutefois le quartier de la côte Saint-Sébastien était alimenté par l'eau du Rhône, élevée à l'aide d'une pompe à vapeur établie dans le quartier de la Boucle.

donc tenir compte de la topographie si variée de notre ville et établir les divisions suivantes : collines de la rive droite de la Saône; plateau de la Croix-Rousse; presqu'île lyonnaise; plaine des Brotteaux et de la Guillotière. Chacune de ces parties a un régime hydrographique souterrain spécial que nous allons rapidement exposer.

Les collines de la rive droite de la Saône, celles de la Croix-Rousse, ne présentent pas de continuité dans leurs couches avec les régions voisines. Divers accidents géologiques les en ont séparées. On peut se les représenter comme des îlots de gneiss ou de granit parfaitement isolés, sur lesquels se sont déposées des couches diverses de terrain. Les eaux qu'on rencontre dans le sol de ces collines sont pour ainsi dire autochthones et proviennent uniquement des pluies qui tombent à la surface. Par suite de la disposition accidentée du sol, de la nature des premières couches qui forment le revêtement et aussi, parce qu'une grande partie de la superficie est pavée ou couverte de constructions, les eaux de pluie ruissellent le long des pentes et il n'en pénètre qu'une faible portion dans l'épaisseur du terrain.

C'est pourquoi il n'y a pas sur ces hauteurs de nappe souterraine continue, comme on en en observe d'habitude dans les autres localités, immédiatement au-dessus de la première couche de terrain imperméable : quand on creuse le sol jusqu'à cette couche, on ne trouve pas l'eau de partout. Cependant, il existe dans ces quartiers, un certain nombre de puits dont le mode de formation est fort intéressant.

Les collines lyonnaises présentent à leur surface une couche de terre végétale ou de remblais, reposant sur un terrain argileux qui est le *lehm* ou la terre à pisé et qui a de six à sept mètres d'épaisseur. Au-dessous, existe une couche absolument impénétrable à l'eau, car elle est formée de blocs et de cailloux striés fortement agglutinés par un ciment calcaire; ce qui la fait ressembler assez à un lit de béton ; c'est le terrain erratique. C'est donc au-dessus de cette roche que doivent s'assembler les eaux pluviales qui sont parvenues à traverser la terre végétale très perméable et le *lehm*, qui l'est beaucoup moins. En effet, le *lehm* comme les sols argileux, a la propriété de retenir l'eau à la manière d'une éponge et, une fois qu'il en est imprégné, il ne se laisse plus pénétrer par de nouvelles quantités de liquide. Mais si on ouvre une tranchée ou un puits dans ce sol saturé d'eau, celle-ci suintant de toute part, ne tarde pas à remplir la cavité que l'on a creusée.

Les puits de nos collines sont de cette façon forés dans le lehm, au-dessus du terrain erratique; ils colligent les eaux pluviales qui ont lavé la surface d'un sol impur, souillé depuis vingt siècles par le séjour de l'homme. Ces eaux qui ont traversé la terre végétale ou les remblais, riches en matières organiques et en microbes, qui sont plus ou moins infectées par les infiltrations des fosses d'aisance, ne peuvent se purifier et se filtrer qu'imparfaitement dans leur passage au travers du *lehm*, à cause de la faible épaisseur de cette couche. D'autre part, reposant sur un lit de cailloux de diverses provenances, unis par un ciment calcaire, elles se chargent ainsi de sels minéraux; aussi, presque toutes présentent les propriétés fâcheuses des eaux séléniteuses. Impures au point de vue chimique, encore plus impures au point de vue microbiologique, ces eaux peuvent être fraîches et limpides, elles n'en sont pas moins d'une salubrité douteuse. Qu'il existe dans ces quartiers des puits ou des sources de bonne qualité, cela est possible; car sur une aussi vaste superficie on peut observer des accidents géologiques qui réalisent des conditions différentes de celles que je viens d'exposer. Il peut se faire par exemple, qu'en certains points, les eaux pluviales ne rencontrent qu'une couche de sable à la place du *lehm* et qu'elles viennent s'amasser au-dessus d'une amande d'argile très pure. Mais, ce que je viens de dire, s'applique à la constitution générale de la colline, je ne puis tenir compte de ces faits particuliers de structure accidentelle.

La colline de Saint-Irénée possède cependant une nappe souterraine, mais si profondément située qu'elle ne pourrait être puisée que par des pompes à vapeur. C'est elle qui alimente le puits de Choullans et celui de l'hospice de l'Antiquaille; c'est elle aussi qui a rendu si laborieux le forage du tunnel du chemin de fer. La manière dont elle se forme demande quelques explications. Nous savons que le revêtement du sol est imperméable. On peut donc être surpris de trouver au-dessous de lui une nappe d'eau très abondante qui, très certainement, est due à l'infiltration des eaux pluviales tombées sur la surface même de la colline, puisque celle-ci ne présente pas de continuité de couches avec les régions voisines.

Les terrains les plus imperméables, ne le sont pas d'une façon absolue, ils offrent des fissures, des crevasses, des points de dénudation par où pénètrent les eaux météoriques. C'est probablement ainsi que les choses se passent dans les collines lyonnaises. Les eaux de pluie s'infiltrent dans des crevasses du terrain erratique et comme elles rencontrent au-dessous des couches perméables et en particulier un énorme lit de sable, elles vont s'assembler à quarante ou cinquante mètres de profondeur au-dessus d'une cuvette argileuse. Cette eau profonde, filtrée à travers une aussi grande épaisseur de sable, doit être d'excellente qualité; elle est assurément pure de toute souillure organique et ne doit pas renfermer de microbes. C'est probablement cette nappe qui alimente les sources plus ou moins abondantes qui s'échappent par des fissures de poudingues sur les flancs de nos collines, comme aux Etroits, à l'Observance et à Gorge-de-Loup. La Compagnie du chemin de fer P.-L.-M., a eu la bonne inspiration de l'utiliser pour approvisionner la gare de Perrache. L'eau est conduite par une canalisation spéciale dans un réservoir de quinze à vingt mètres d'altitude (1), d'où elle se distribue dans les différents services.

La constitution géologique de la colline de la Croix-Rousse étant semblable à celle des collines de la rive droite de la Saône, son régime hydrographique souterrain doit être aussi analogue au leur. Les puits superficiels, là où ils existent, sont alimentés par l'eau d'imbibition du *lehm* et retenue par les argiles et les dépôts erratiques sous-jacents. Leurs eaux peuvent être agréables à boire, mais elles sont suspectes au point de vue de la salubrité, comme le sont d'ailleurs toutes les eaux de puits peu profonds, creusés dans un sol impur. Leur composition minérale varie d'un point à l'autre et parfois il y a une différence énorme entre deux puits très rapprochés. Ainsi, Seeligmaun a noté 32 degrés hydrotimétriques pour l'eau du n° 8 de la place de la Croix-Rousse et 55 degrés pour celle du n° 2. D'ailleurs, elles sont toutes séléniteuses et le plus grand nombre marquent de 70 à 107 degrés.

Dans l'épaisseur du plateau de la Croix-Rousse, on ne connaît pas de nappe souterraine profonde analogue à celle que nous avons décrite précédemment. Les travaux des chemins de fer funiculaires, ceux du tunnel de Collonges, qui ont cependant entamé la colline à de grandes profondeurs n'ont pas rencontré d'eaux collectées. Les quelques filets d'eau qui sourdent aux balmes de Saint-Clair, sont produits par l'égouttement des couches superficielles et non par l'affleurement d'une nappe.

Nous pouvons conclure de l'examen auquel nous venons de nous livrer, que les puits qui existent sur les collines de la rive droite de la Saône et sur celle de la Croix-Rousse, n'offrent aucune sécurité au point de vue hygiénique.

Déjà insalubres sous le rapport de leur composition chimique, leurs eaux doivent être dangereuses par les

(1) Ce réservoir est construit rue Dugas-Montbel.

matières organiques et les germes qu'elles contiennent fatalement : le peu de profondeur des puits, les exposant à toutes les souillures et à toutes les infiltrations des couches superficielles d'un sol habité (1).

Nous passons maintenant à l'étude des puits de la partie plane de la ville, que nous diviserons en deux groupes : ceux de la presqu'île et ceux de la rive gauche du Rhône.

IV

La partie plane de la ville qui comprend la presqu'île et la plaine de la rive gauche du Rhône, présente un régime hydrographique souterrain tout spécial. Il n'y a peut-être pas d'autre ville que Lyon, qui offre un régime semblable.

D'ordinaire en effet, les eaux du sous-sol, qui proviennent de l'infiltration des eaux pluviales tombées dans une région, se dirigent et se déversent dans la rivière la plus voisine, dont elles augmentent le débit et dont elles constituent en définitive des sources souterraines.

Les choses ne se passent pas de cette façon à Lyon : cela tient à ce que le sol de la ville plane, est entièrement formé par des alluvions récentes du Rhône, n'ayant aucune connexité avec les terrains adjacents. On peut se représenter ce sol comme un immense banc de graviers et de sables, que le fleuve a déposé et dans lequel il continue à couler souterrainement, tout comme il coule dans la profondeur des bancs de graviers situés au milieu de son lit.

---

(1) M. Gayet, dans le cours de la discussion, a signalé l'existence d'un puits dans la montée de la Boucle, qui aurait soixante mètres de profondeur. Cette profondeur me fait supposer que l'on a creusé jusqu'à la rencontre de la nappe souterraine du Rhône.

Les eaux de la presqu'île ne peuvent donc pas venir ainsi qu'on l'a prétendu, des hauteurs de la Croix-Rousse, qui d'ailleurs, nous l'avons dit, ne possèdent que des eaux superficielles peu abondantes. Elles ne peuvent pas provenir non plus de l'infiltration des eaux pluviales, puisque la surface de la ville, entièrement couverte de pavés et de constructions, est imperméable et ne livre passage qu'à une partie infime et négligeable des eaux de pluie.

Cela ne fait aucun doute, l'eau du sous-sol, l'eau de nos puits ne peut provenir que des fleuves, par infiltration horizontale. La Saône alimente les puits de sa rive droite, quant au Rhône, il fournit à tous ceux de la presqu'île et de la plaine des Brotteaux. Mais tandis que dans la presqu'île, la filtration est toujours latérale, elle se fait parallèlement au cours du fleuve sur la rive gauche, où la nappe souterraine chemine du Grand-Camp dans la direction de St-Fons, suivant ainsi la pente naturelle de l'eau qui l'alimente.

J'ai dit plus haut que le Rhône fournissait seul l'eau souterraine de la presqu'île, cela demande une explication d'ailleurs facile. Comme tous les fleuves qui transportent une grande quantité de matériaux, le Rhône tapisse de ses dépôts le fond de son lit, qui s'est exhaussé peu à peu. Et actuellement son niveau à l'étiage est de 3 mètres plus élevé que celui de la Saône. En vertu des lois de l'hydrostatique il est bien évident que ses eaux seules peuvent s'infiltrer dans les profondeurs de la presqu'île.

Sauf sur la rive droite de la Saône, tous les puits de la partie plane de la ville sont donc alimentés par l'infiltration des eaux du Rhône.

C'est là une condition très favorable, car l'eau du Rhône est bien plus pure que celle de la Saône ; et, d'autre part, comme le fleuve jouit d'une grande rapidité, la nappe souterraine participe de cette vitesse de déplacement et se renouvelle beaucoup mieux que si elle eut été fournie par la Saône au cours si paresseux.

Si le sol de notre ville était pur, s'il n'était pas continuellement souillé par les immondices qui résultent du séjour de l'homme, peu de localités seraient aussi favorisées que la nôtre et aucune ne trouverait à une faible profondeur de son sol, des eaux aussi pures. Malheureusement elles y rencontrent plusieurs causes d'insalubrité qui leur enlèvent de leur qualité originelle; nous allons passer en revue les principales d'entre elles.

La nappe souterraine, étant constituée par les infiltrations des eaux du Rhône, subit nécessairement toutes les oscillations, toutes les variations du niveau du fleuve. Ces continuels mouvements de translation des eaux à travers le sous-sol, opèrent une lixiviation lente mais incessante, qui a pour résultat de charger l'eau de substances minérales, de produits solubles divers et même de particules organiques.

Les bancs de sable et de gravier qui forment le sol de notre ville, se composent de pierres de toutes provenances, les unes siliceuses, les autres calcaires; on y trouve aussi des amandes de marne ou d'argile. L'eau qui filtre entre ces couches, leur emprunte des principes solubles. Aussi tous les puits de la ville, même les plus rapprochés du fleuve ont ils un degré hydrotimétrique supérieur à celui du Rhône. On s'explique de même que la composition minérale des eaux varie dans deux puits très voisins, suivant la nature des dépôts au milieu desquels ils ont été foncés.

Les puits de la plaine des Brotteaux et de la Guillotière donnent généralement une eau de plus mauvaise qualité que ceux de la presqu'île. M. Locard attribue ce fait à l'existence d'un banc d'argile lacustre qui s'étend sous toute la plaine à une profondeur d'environ 12 mètres. Les eaux qui sont en contact avec le banc d'argile, riche en matières organiques et en débris d'animaux lacustres, sont absolument mauvaises et exhalent cette odeur nauséabonde de choux pourris, qui avait déjà si vivement frappé Seeligman.

N'oublions pas non plus que toute cette partie de la ville était, il y a 50 ans, couverte de prairies, de jardins, de saulaies ; que le Rhône l'inondait à chaque crue, laissant dans les bas-fonds des flaques croupissantes, qui faisaient des Brotteaux et de la Guillotière un vaste marécage. Il est facile d'admettre *a priori* que les puits qui sont forés dans un pareil sol ne peuvent fournir que des eaux suspectes ou malsaines.

Dans bien des quartiers, le terrain est formé de remblais de toutes sortes, qui cèdent également à l'eau des principes étrangers et souvent spéciaux. Ainsi, au-delà des voûtes de Perrache, le sol pendant longtemps fut remblayé avec les résidus d'épuration du gaz, que la Compagnie faisait répandre dans les bas-fonds voisins de son usine. Il en résulte que maintenant, à chaque crue du Rhône, quand l'eau souterraine s'élève et vient baigner la couche des remblais, les puits fournissent un liquide qui a le goût et l'odeur de la benzine ou du phénol.

A toutes ces causes d'altération des eaux, qui tiennent à la constitution naturelle et surtout artificielle de notre sol, d'autres viennent s'ajouter qui dépendent de l'habitat de l'homme et des animaux domestiques. Celles-ci n'ont plus rien de spécial à notre ville et se rencontrent dans toutes les localités dont la population est agglomérée. Elles sont par conséquent communes à tous les puits de la ville, à ceux des collines comme à ceux de la plaine ; je veux parler des infiltrations impures qui vont polluer les eaux souterraines.

Les eaux ménagères déversées dans les ruisseaux, les eaux pluviales qui lavent la surface du sol souillée par les immondices et les déjections des animaux s'infiltrent en partie et pénètrent souvent dans les puits. Mais les infiltrations les plus communes et les plus redoutables, ce sont celles qui proviennent des fosses d'aisance. Ces infiltrations sont à peu près inévitables : M. de Freycinet a, en effet, démontré que les fosses les mieux construites ne sont jamais étanches pour longtemps. Bientôt, toutes laissent suinter autour d'elles des liquides impurs qui imbibent de proche en proche les couches du sol jusqu'à la nappe souterraine et qui, parfois, se déversent directement dans la cavité des puits. — D'ailleurs, tout le monde sait que des propriétaires peu scrupuleux, dans le but d'éviter des frais de curages font éventrer les parois des fosses de leurs maisons, les transformant ainsi en de véritables puits perdus.

Etonnons-nous, après cela, que M. Lacassagne évalue à 100,000 mètres cubes environ, le volume des matières fécales qui sont déversées annuellement dans les profondeurs du sol de Lyon. Supputez le nombre de germes, de microbes que cela représente et étonnez-vous ensuite de ce que les maladies infectieuses règnent en permanence dans notre ville!

Si ces germes restaient enfouis dans le sol sans se mêler aux eaux potables, les infiltrations n'auraient pas d'autre inconvénient que de vicier l'air de la ville. Mais il s'opère une circulation ininterrompue, en vertu de laquelle les germes morbides sont transportés du sol à l'homme par les eaux de boisson, et retournent au sol par les eaux ménagères et par les infiltrations des fosses. Le *circulus* est complet et la permanence de l'infection établie.

Il suffit parfois de projeter dans une fosse non étanche les déjections d'un cholérique ou d'un typhique, pour infecter le puits de la maison d'abord, la nappe souterraine du quartier ensuite, et pour faire éclater ainsi une épidémie partielle qui ne tarde pas à se généraliser.

En ce qui concerne la fièvre typhoïde, les infiltrations des fosses d'aisances présentent un danger immanent de propagation de la maladie. Deux savants confrères lyonnais, les Drs Roux et Rodet viennent en effet de découvrir un fait de la plus haute importance à cet égard. Ils ont constaté que le *bacillus coli communis*, hôte habituel de notre intestin, peut dans certaines conditions acquérir des propriétés virulentes et qu'il devient alors le véritable agent de la fièvre typhoïde. Puisque ce parasite existe dans l'intestin de l'homme à l'état normal, il se trouve en quantité innombrable dans les fosses faisant peser sur nous une menace constante de propagation de la maladie. Il est même très probable que son passage successif dans le sol et dans l'eau des puits est une des conditions qui exaltent ses propriétés virulentes.

Ce qu'il y a de certain, c'est que la fièvre typhoïde règne sans interruption dans toutes les villes qui ont conservé les fosses d'aisance et qui font usage des eaux de puits ; tandis qu'elle a disparu dans celles qui pratiquent le *tout à l'égout* et qui ont une canalisation d'eau potable et de bonne qualité.

D'ailleurs, laissez-moi vous citer un fait local très démonstratif à cet égard. Il n'y a pas longtemps que la fièvre typhoïde régnait en permanence à la caserne de la Part-Dieu, où elle décimait cruellement la garnison. On attribuait l'insalubrité de cette caserne à l'encombrement, à la présence simultanée d'un trop grand nombre d'hommes et de chevaux. Grâce aux progrès scientifiques accomplis, l'autorité militaire mieux éclairée fit fermer les puits de la caserne. A partir de ce moment, la maladie cessa ses ravages au point que, l'année dernière, un seul soldat a succombé à ses atteintes.

Mais je ne veux pas prolonger outre mesure cette démonstration, la preuve est faite : l'eau de boisson est le principal véhicule des germes infectieux. Combien doit être dangereuse celle qui est fournie par des puits creusés dans des terrains imprégnés de matières organiques et incessamment souillés par les infiltrations des fosses d'aisance.

Je n'hésite pas à dire, en me fondant sur les considérations qui précèdent que, pour améliorer du jour au lendemain les conditions hygiéniques de notre ville, il suffirait de fermer, sans rémissions, tous les puits qui y existent (1).

V

C'est le 15 août 1856 qu'eut lieu l'inauguration du service concédé en 1853 à la Compagnie générale des Eaux. La Compagnie concessionnaire fit bâtir son usine sur la rive droite du Rhône, au-dessous du viaduc du chemin de fer de Genève. L'installation a été faite sur un banc de graviers déposés par le fleuve. Elle consistait primitivement en deux galeries de filtration, creusées dans l'épaisseur de ce banc et qu'on peut se représenter comme d'immenses cloches renversées. Les parois sont en maçonnerie et s'enfoncent dans le sol jusqu'à trois mètres en contre-bas de l'étiage. Les eaux du fleuve y arrivent donc par le fond, clarifiées et filtrées par leur passage au travers d'un massif de sable et de graviers, dont l'épaisseur est d'environ trente mètres. Ces galeries voûtées et recouvertes d'une épaisse couche de terre, sont impénétrables au soleil et mettent l'eau d'infiltration à l'abri des variations de température et des impuretés de l'air.

Plus tard, pour augmenter le débit, on a creusé au fur et à mesure des besoins, treize puits filtrants en amont des galeries. Ils sont disposés en ligne sur une longueur de cinq à six cents mètres et beaucoup plus près de la berge du fleuve.

Leur apport vient s'ajouter à celui des galeries. L'eau se

---

(1) Je m'empresse de reconnaître qu'il y a, soit sur les collines, soit dans la partie plane, des puits donnant une eau de bonne qualité ; mais ce sont des exceptions dont je n'avais pas à tenir compte dans un travail de ce genre. D'ailleurs, tel puits qui est bon aujourd'hui peut devenir mauvais demain, si on élève une construction nouvelle avec fosse d'aisances dans son voisinage.

rend ensuite à un puisard situé à l'intérieur de l'usine, où elle est soumise à l'action des machines à vapeur qui la lancent dans des tuyaux d'ascension. Ceux-ci aboutissent à deux bassins de réception, voûtés comme les galeries. Le premier est établi sur le coteau au-dessus de l'usine, à quarante-cinq mètres plus haut que le niveau du fleuve et alimente le *bas service*. Le second se trouve à quatre-vingt-quatorze mètres de hauteur, au sommet du coteau de Montessuy et alimente le *haut service*.

Telle est succintement décrite, la partie de l'installation qui nous intéresse. Examinons maintenant la qualité des eaux qu'elle fournit.

L'eau du Rhône a un degré hydrotimétrique faible (15° environ), celle des galeries marque 2 ou 3 degrés de plus. On a voulu en conclure que les eaux de la colline de Montessuy venaient se mêler à celle des bassins de filtration.

Nous savons que cela n'est pas possible, puisque la colline n'a pas d'eau profonde. D'ailleurs, les galeries sont établies dans un banc d'alluvions qui n'a et ne peut avoir aucune connexion avec les terrains glaciaires de Montessuy.

Quant au changement de composition chimique des eaux filtrées, nous savons qu'il est dû à la dissolution des principes minéraux du banc de graviers par les eaux de fitration, c'est pour la même raison que des puits forés tout au bord du Rhône, ainsi que le Dr Saint-Lager l'a noté à Vaux-en-Velin, marquent parfois 15 à 20° de plus que le fleuve qui les alimente.

Non seulement les eaux du Rhône sont très pures au point de vue chimique, mais encore elles ne renferment que très peu de matières organiques, car elles ne laissent pas cet enduit onctueux qui recouvre le gravier et les pierres du fond des cours d'eau qui en contiennent beaucoup. Si rien ne vient les souiller ni dans les galeries, ni dans la canalisation, les eaux de la Compagnie doivent être d'une pureté encore plus parfaite sous ce rapport.

Les recherches de Fournet ont prouvé que la filtration dans un banc de graviers faite à une profondeur suffisante, modifie la température des eaux filtrées et les rend presque semblables aux eaux de source dont la température est constante. Celles de la Compagnie, en effet, marquent toute l'année de 11 à 15° centigrades dans les bassins de filtration. Si elles nous arrivent à domicile tantôt trop froides, tantôt trop tièdes, c'est parce qu'elles ont été refroidies ou réchauffées pendant leur séjour dans les conduites.

Leur limpidité ne laisse rien à désirer dans les conditions ordinaires. Ce n'est qu'à la suite des grandes crues, quand le filtre a été forcé qu'elles présentent un aspect trouble. Il n'en était pas de même il y a quelques années. L'infiltration ne fournissant pas toujours un volume suffisant, on ouvrait une vanne et l'eau du Rhône arrivait directement dans les galeries. Chacun de nous se rappelle cette période fâcheuse où il était impossible d'avoir une carafe d'eau claire pendant l'été.

Jusqu'ici, nous n'avons trouvé que des vertus aux eaux de la Compagnie, composition chimique, température, limpidité, teneur en matières organiques ne laissent rien à désirer. On peut affirmer que ces eaux présentent tous les caractères qu'on demandait aux eaux potables de bonne qualité, à l'époque où fut créée l'usine de Saint-Clair. Il nous reste à apprécier ce qu'elles valent sous le rapport microbiologique.

Le Rhône sort limpide et azuré du lac de Genève avec toutes les apparences d'une eau de pureté exquise, mais c'est là un aspect trompeur. Hermann Fol et Dunand ont en effet constaté que l'eau du lac prise quelques mètres plus haut, au coin du quai des Eaux-Vives et du jardin anglais, renfermait cent millions de microbes par litre, dont six millions étaient cultivables sur gélatine.

Le fleuve, heureusement, se purifie dans sa course et quand il aborde notre ville, les eaux ne renferment plus que 51,000 germes par litre. C'est là d'ailleurs un fait constant, les rivières qui se chargent d'impuretés dans la traversée des villes, se purifient en aval après un trajet de quelques kilomètres. En effet, l'oxygène, la lumière et surtout les grandes masses d'eau, comme M. Cazeneuve vient de le démontrer, exercent une action destructive des matières organiques et des germes.

Au niveau des galeries de Saint-Clair, le Rhône ne renfermant que 51,000 microbes par litre est infiniment plus pur, avant toute filtration, que les deux sources qui font l'orgueil de Paris, dont l'une la Dhuys en renferme 450,000 et l'autre, la Vanne, 360,000.

Mais il faut bien se pénétrer de cette idée qu'en pareil cas le nombre des microbes importe moins que leur nature. De ce que le Rhône en renferme sept à huit fois moins, il ne s'en suit pas nécessairement que ses eaux soient plus salubres.

Les eaux de la Vanne et de la Dhuys sont des eaux de source, probablement contaminées en certains points de leur trajet, mais qui, à coup sûr, ne reçoivent nulle part les immondices d'un centre populeux. Au contraire, le Rhône peut apporter à Lyon des germes d'autant plus dangereux que tout le long de ses bords les villages riverains y jettent leurs immondices, y lavent le linge et que la ville de Genève pratiquant le *tout à l'égout* le déverse dans le fleuve.

Voilà où est le danger ! Il est dans la souillure des eaux, non plus par des milliers de microbes inoffensifs, comme ceux de la Vanne et de la Dhuys, mais par des microbes actifs et redoutables, tout en étant moins nombreux.

Si la paroi filtrante des galeries suffisait à les retenir, leur présence dans le fleuve nous importerait peu ; malheureusement il n'en est pas ainsi.

Soit parce qu'elle n'a pas partout assez d'épaisseur, soit parce qu'elle présente des fissures ou qu'elle offre trop de porosité, l'eau des galeries contient une assez grande quantité de germes.

Viennent-ils du Rhône par insuffisance de filtration ? Sont-ils introduits après coup ? Ou bien proviennent-ils de ces causes réunies ? C'est ce qu'il nous est impossible de dire.

Quoi qu'il en soit, l'eau de la Compagnie, dans les galeries même, d'après les expériences de MM. Chauveau et Arloing, renferme 7,000 microbes par litre et il est infiniment probable que ce nombre ne fait qu'augmenter dans le parcours de la canalisation, avant qu'elle nous parvienne à domicile (1).

Ces germes sont-ils dangereux ou sont-ils inertes ? C'est ici que trouvent place les intéressantes recherches de M. Lortet et de son chef des travaux, M. Despeignes. Dans le but d'étudier l'action des microbes contenus dans les eaux de Lyon, ils ont recueilli le dépôt retenu par la bougie d'un filtre Chamberland et l'ont inoculé à des animaux. Toutes les inoculations faites avec le limon du filtre ont donné naissance à des accidents septicémiques, qui ont déterminé la mort rapide des sujets.

---

(1) Comme il n'y a pas de réservoirs de rechange, on ne peut jamais faire le nettoyage et la désinfection de ceux qui servent depuis si longtemps. Les microbes du limon des parois et du fonds se multiplient sans cesse et déjà avant toute distribution, l'eau des bassins des différents services doit contenir un nombre de bactéries bien plus considérable que celle des galeries de filtration.

Il en est ainsi dans les conduits de distribution : partout où l'eau séjourne, dans les coudes, dans les réservoirs particuliers, dans les colonnes montantes qui restent inactives pendant l'absence des locataires, il y a une multiplication de germes.

Signalons également des vices d'installations domestiques. Dans certains logements on voit des tuyaux branchés par un bout sur la colonne principale de la maison, qui s'ouvrent directement par l'autre dans la cuvette des cabinets d'aisance. Quand il survient des pressions négatives, et c'est assez souvent que cela arrive, des parcelles de matières fécales ou des liquides impurs peuvent être aspirés et envoyés dans le courant de la distribution publique. Ce sont les microbes les plus dangereux qui s'introduisent par cette voie et il y aurait lieu de réglementer et de surveiller la manière dont se font ces installations domestiques.

Quelques-uns même ont présenté à l'autopsie des lésions intestinales graves rappelant celles de la fièvre typhoïde ou de la dysenterie. Les inoculations en série pratiquées avec le sang des animaux morts ont reproduit les mêmes accidents.

Le fait n'est que trop certain, les eaux de la Compagnie contiennent des microbes dangereux.

Si nous ne sommes pas encore fixés sur leur provenance et sur leur mode d'introduction, nous sommes en droit de supposer que leur présence est due à certains vices d'installation ; car l'état des réservoirs et des galeries est assez imparfait sous plus d'un rapport.

La surveillance des premières années s'est-elle relâchée? Les travaux d'urgence pour l'extension du service ont-ils été exécutés sans précautions suffisantes ? Des abus se sont-ils établis? Je ne sais. Ce qu'il y a de sûr, c'est qu'il faut porter remède à une situation non pas absolument alarmante, mais assez défectueuse pour nous inquiéter. Une première défectuosité dépend du fonctionnement déjà ancien des galeries filtrantes. Le fond est tapissé par une couche épaisse de vase reconnaissant des origines multiples. La filtration n'étant jamais absolue, les poussières de l'air apportant incessamment à la surface de l'eau et sur les parois des particules organiques ou minérales et des spores, les eaux abandonnent à la longue un sédiment dont l'épaisseur augmente de jour en jour. La vase a été également déposée par les eaux impures qu'on introduisait directement du fleuve et par celles qui y pénètrent encore accidentellement. Les parois laissent en effet sourdre d'énormes jets, connus dans l'usine sous le nom pittoresque de *renards* qui indiquent l'existence de larges fissures livrant passage à une assez grande quantité d'eau non filtrée.

Le sédiment boueux ainsi formé contient un nombre prodigieux de microbes qui se multiplient sans cesse. A chaque crue du Rhône il est soulevé et vient troubler la limpidité des eaux. Il est infiniment probable qu'à ce moment l'eau des galeries renferme un nombre de microorganismes bien plus grand que celui que nous avons indiqué et qui a été constaté dans des conditions tout autres. Il est regrettable qu'on n'ait pas creusé une galerie de rechange, pour permettre le nettoyage périodique du filtre, sans interrompre le service, comme cela se pratique dans certaines villes, à Londres par exemple.

La galerie et les puits de prolongement exécutés après coup, ne sont pas suffisamment éloignés des rives du fleuve, quand il atteint un certain niveau même peu élevé. Le sol qui les recouvre est accessible au public et souvent il est inondé. Les eaux de pluie et d'inondation entraînant les impuretés de la surface, pénètrent dans la galerie après n'avoir traversé par filtration verticale qu'une épaisseur de terrain trop faible pour les purifier.

Je passe sous silence d'autres défectuosités tellement manifestes, qu'il aura suffi de les signaler à la Compagnie des eaux, pour qu'elle se soit empressée de les faire disparaître. D'ailleurs il ne m'appartient pas d'insister davantage sur cet ordre d'idées. La question a été portée devant le Conseil d'hygiène, où sont réunis les hommes les plus compétents pour indiquer les mesures à prendre dans le but de sauvegarder les intérêts hygiéniques de la population.

Toutefois il est une mesure que je me permets de recommander et qui à elle seule, est capable de rendre presque parfait le système de filtration adopté par notre ville. Une courte explication préalable est nécessaire pour bien faire saisir le but de la mesure que je propose.

Les recherches de Fournet ont démontré que la filtration horizontale des eaux du Rhône, au travers d'un massif de sables et de graviers de trente mètres d'épaisseur, était nécessaire et suffisante pour donner un liquide d'une limpidité parfaite. Mais il est facile de concevoir que si la nappe filtrante n'est située qu'à une faible profondeur, elle pourra être contaminée dans son trajet, par les eaux de la surface du sol, qui iront se mélanger à elle par infiltration verticale. Je pense donc, que pour les protéger contre cette cause d'impureté il y a lieu d'établir tout autour des puits et des galeries, une zone de protection dont la *surface serait rendue complètement imperméable,* en la recouvrant par exemple d'une couche d'asphalte. Cette disposition me paraît d'autant plus indiquée pour l'usine de Saint-Clair, qu'au moment des crues du Rhône, la profondeur de la nappe filtrante diminue et peut être nulle, puisque le sol est souvent submergé autour des galeries.

VI

Malgré ses imperfections qui ne sont pas toutes inhérentes au système adopté, l'eau de la Compagnie nous offre plus de garanties que l'eau des puits; sa distribution à domicile et par les bornes-fontaines a largement contribué à améliorer l'état sanitaire de notre ville et à faire baisser le chiffre de la mortalité générale.

Ce sont ces considérations sans doute qui ont pesé sur les déterminations du conseil municipal et qui l'ont entraîné à rejeter le projet Michaud. Tout ce que nous pourrions dire ici en faveur des eaux de source serait vain ; ce n'est pas assurément la faible autorité de notre parole, même étayée sur l'opinion unanime des hygiénistes du monde entier, qui fera revenir le conseil municipal sur sa décision.

Ces réserves faites et la question économique mise à part, je m'empresse de reconnaître que la solution adoptée par le conseil municipal peut donner des résultats excellents. On sait qu'elle consiste à porter la fourniture journalière à 260 litres par tête, au moyen de l'extension du service de Saint-Clair et de la création d'une seconde usine sur la rive gauche du Rhône pour alimenter les troisième et sixième arrondissements.

Il est bien certain que le Rhône, grâce à sa vitesse, à son débit et à la pureté relative de ses eaux, peut fournir, par une filtration bien faite, une eau capable de rivaliser avec les sources les plus pures. D'ailleurs, le système adopté dans notre ville met simplement en œuvre le procédé même de la nature, pour la formation des sources, et on ne conçoit pas comment la filtration naturelle des eaux du Rhône déjà si pures, au travers d'épaisses couches de sable et de gravier, ne donnerait pas une eau aussi parfaite que celle qui, résultant de l'infiltration des eaux pluviales, vient former les sources.

L'art de l'homme n'a pour ainsi dire à intervenir que pour déterminer quelle doit être l'épaisseur de la paroi filtrante, étant donnés les matériaux qui la constituent ; puis pour protéger les eaux obtenues et les mettre à l'abri de toute contamination ultérieure en rendant imperméable toute la surface du terrain où s'opère la filtration.

Je pense même que si les galeries filtrantes de la rive gauche sont creusées assez profondément ; si elles plongent au-dessous du banc d'argiles lacustres, on y recueillera des eaux irréprochables, d'une fraîcheur et d'une limpidité parfaites et d'une pureté d'autant plus exquise qu'elles proviendront des infiltrations du Rhône au travers d'alluvions anciennes. Il ne nous reste plus qu'à hâter de nos vœux la réalisation de ce projet, qui améliorera à coup sûr les conditions hygiéniques de toute la ville et principalement des quartiers des Brotteaux et de la Guillotière (1).

---

(1) Tout récemment la ville de Nantes a inauguré un service de distribution d'eau de la Loire, filtrée par le procédé de l'ingénieur Lefort, qui paraît donner des résultats bien supérieurs à ceux obtenus avec les galeries filtrantes de Lyon ou de Toulouse. Avant de

Il y a peu de questions sociales présentant à la fois un caractère plus démocratique et un intérêt plus immédiat pour tous, que celle de l'approvisionnement d'eau dans les villes.

Conduire l'eau à tous les étages, dans tous les ménages, dans la maison du prolétaire comme dans celle du riche, n'est-ce pas une œuvre apportant une part de bien-être à toutes les classes sociales ?

Y conduire de l'eau salubre ne renfermant plus aucun des germes de ces maladies qui désolent sans cesse les villes n'est-ce pas établir pour tous les habitants une sorte d'égalité devant le bien-être et la santé ?

Un grand hygiéniste a dit avec raison que l'eau saine était plus nécessaire que la bière et le vin. C'est surtout pour la classe laborieuse que cet aphorisme est vrai. L'homme aisé peut toujours se procurer de bonne eau ; mais l'homme du peuple est forcé de la consommer telle qu'on la lui fournit ; si elle est impure et malsaine, c'est le chômage, c'est la maladie et parfois la mort installés à son foyer. Toutes les autres améliorations hygiéniques de la ville restent vaines, si l'eau que vous distribuez ou que vous laissez puiser dans le sol continue à répandre le deuil dans les familles, par ses germes empoisonnés.

FIN

---

rien décider, il y aurait donc lieu d'étudier si ce procédé nouveau ne pourrait pas être appliqué dans notre ville.

La filtration est opérée au travers d'un massif de sables siliceux bien purs, transportés et tassés. On a ainsi un filtre homogène plus efficace que le sol naturel. Au centre un puits est creusé. L'eau filtrée y pénètre par de nombreuses barbacanes et est lancée dans la canalisation urbaine par des pompes aspirantes et foulantes.

D'après les analyses faites, cette eau l'emporterait sur les meilleures sources connues car elle ne renfermerait plus que 73 germes par litre.

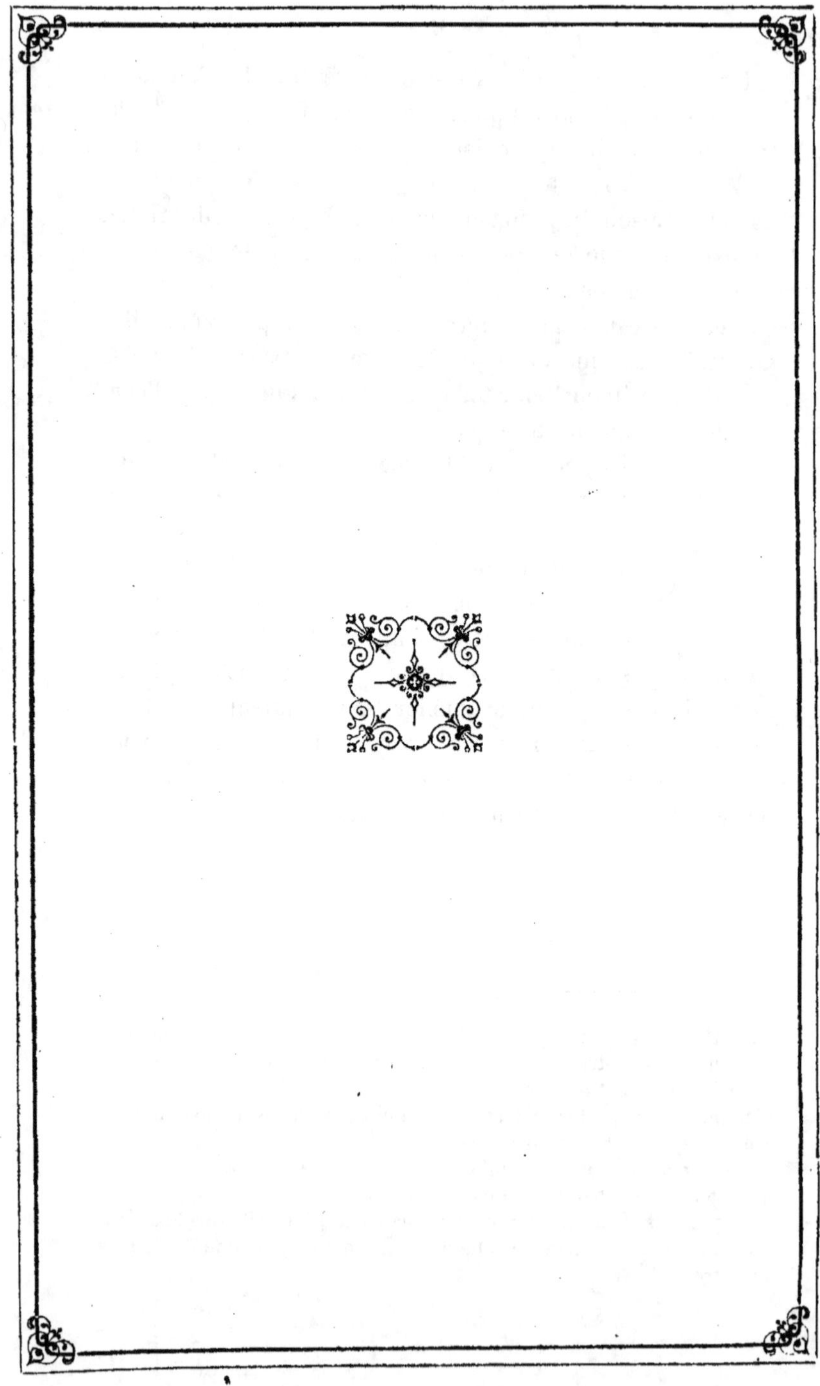

www.ingramcontent.com/pod-product-compliance
Lightning Source LLC
LaVergne TN
LVHW021648170726
843501LV00007B/2463

* 9 7 8 2 3 2 9 6 5 6 2 9 8 *